호모 마스크스

호모 마스크스

김수열 신작 시집

차례

호모 마스크스

조화弔花

하얀 꽃의 목줄기를 쥐고 영정 앞에 선 검은 문상객들은 눈 감고 목례를 한 다음 한 걸음 나아가 제단에 꽃머리 바치면서 앞으로 할까 뒤로 할까 잠시 망설이다가, 눈치껏 내려놓고 한 걸음 물러나 다시 고개 수그리면서 영정과 이별을 고한다

꽃의 죽음을 슬퍼하는 사람은 없다

민들레

후-

봄바람 불어 와

널 날려 보낼 수 있다면

네 가고픈 거기,

구멍 뚫린 돌담 너머

초가 위에 내려 앉아

작은 별이 될 수 있다면

노랗게 반짝일 수 있다면

난

이대로

납작 엎드려

밟히고 밟히다가
할머니 손끝에서 오물조물 버무려져

똥으로 살아도 좋겠다
흙이 되어도 좋겠다

입동

목 긴 가지 끝에
탐스런 홍시 대롱대롱 매달려
붉디붉게 익어갈 무렵

털신 신은 할아버지
징징대는 손자놈 옆에 두고
장대 들고 까치발로 서서 허청허청
무서리 내려앉은 빈 하늘 휘젓고 있다

보다 못한 바람 한 줌
번번이 허공에 동그라미만 그리는
할아버지가 안쓰러운지
제 몸 뒤척여

까치밥 몇 개 남기고

툭

툭

떨어뜨려 준다

나무와 의자

죽은 나무가 산 나무를 물끄러미 바라보는 동안
산 나무는 죽은 나무를 안쓰럽게 내려다본다

폭설경보 내린 눈발 흩뿌리는 겨울이었다
오는 이도 가는 이도 없는 하얀 날이었다

무릎 비운 의자가 발등 부은 나무에 눈길 주는 동안
의자를 꿈꾸는 나무는 제 몸 뒤척여 마른 잎 하나
한때 나무였던 의자 무릎에 가만히 내려놓는다

지하철 5호선

이어폰 끼고 지그시 눈 감은 채
연신 고개 까닥이는 사람과

히죽거리면서 정신없이 엄지손가락으로
재바르게 자판 눌러대는 사람과

성경책 펴들고 중얼중얼
중얼중얼 페이지 넘기는 사람과

두 정거장 남았어 좀만 기다려
사랑해, 낮고 짧게 속삭이는 사람과

안전손잡이 없이 두 다리로 버티고 서서
조간신문을 읽는 사람과

불상처럼 앉아 깊은 묵상에 든 사람과
보채는 아이에게 뚝, 뚝 어르는 여자 사람과

분침 속도로 몸이 기우는 불쾌한 얼굴의 사람과
경로석에 앉아 미친 척 눈감은 젊은 사람과

지하철 5호선
삶의 무늬가 다른 사람들이 같은 시간을 지나고 있다
삶의 무늬가 같은 사람들이 다른 시간을 지나고 있다

그게 뭐라고……

반세기 전 뉴질랜드에서
한국으로 건너온 신부님은
지역 주민들과 함께 재개발 반대투쟁
선봉에 섰고 지금은 은퇴하여
성북구 삼양동 주민연대 책임자로 봉사하고 있다

성탄 맞아 걸음 불편한 어르신들 위해
선물꾸러미 챙기시는데

라면 두 개
김 두 봉지
참치통조림 하나
런천미트 하나

물티슈 하나

직접 만든 성탄카드 한 장……

도대체 그게 뭐라고……

올해도 나는 그냥 해를 넘긴다

베를린의 아침

베를린 시내 아침 출근길
신호등이 바뀌어 차들 멈춰서는 사이

어디서 나타났는지
피부 검은, 남자 친구인지 남편인지
횡단보도 가운데 서서 저글링으로 시선을 끌고
피부 검은, 여자 친구인지 아내인지
멈춰선 차들의 앞유리 닦으며 한 손 내밀어
운전자에게 뭐라 뭐라 하고

신호 바뀌자 검은 피부들은 차선 밖으로 물러서고
무심한 차들은 멈췄던 기억 와이퍼로 지우며 떠나고

팁을 벌지 못한 검은 피부의 아침은 그렇게 흘러가고

코펜하겐의 하루

오렌지색 작업복을 입고
담배꽁초 줍는 사람은 담배꽁초만 줍고
검은색 피부를 하고 자전거 끌면서
페트병 줍는 사람은 페트병만 줍고

담배꽁초 줍는 사람은 시정부로부터 주급을 받고
페트병 줍는 사람은 페트병만큼 마트에서 환급을 받고

해가 중천에 뜬 저녁이면
이웃 사는 의사와 변호사와 농부와 어울려
캔맥주가 있는 노천카페에서 하루를 나누고

개역*

탈곡 마치고 수매 끝나면 말가웃 보리 볶아 등짐 지고 방앳 공장 갑니다 볶은 보리에 당원 넣고 기계는 돌고 돌아 탈탈 탈탈 뽀얀 개역이 나옵니다 보리 한 되로 기계 돌린 값 대신하고 머릿수건 풀어 탁탁 먼지 털고 집으로 옵니다 개역 너댓 술 넣은 양푼 보리밥 가운데 놓고 삼방에 둘러앉아 달그락달그락 개역밥 먹습니다

개역물 만들어 4홉들이 병에 담아 먼 바당에 갑니다 물질은 밥심인데 밥차롱 대신 개역물 병에 담아 먼 물질 갑니다 물숨이 찰 때까지 저승바닥 훑고 숨의 끝자락에 이승으로 올라 긴 숨 몰아쉽니다

---

* '미숫가루'의 제주 방언

나 살았수다, 호오이-

나 이디 있수다, 호오이-

잠시 테왁에 몸 얹혀 개역물로 주린 배 채웁니다 귀눈이 왁왁하고 한라산이 어질어질하여도이승에 남은 것들 살리기 위해 병굽이 보일 때까지 저승으로 내려갑니다

머리에 피가 쏠립니다

발효된 사랑

스물에 시집 왔주
하르방은 나보다 아홉이나 위
밤인지 낮인지도 몰르고 일만 했주 일만
경허멍 다섯을 키와시녜
이제 사는가 허는디 오꼿 하르방이 먼저 가불더라고

나이 먹으난 더 생각 나
낭에 꽃이 피어도 감낭에 감이 열려도 생각 나
아들이여 딸이여 해도 늙어 보난 하르방이 최고
같이 산 세월이 얼마 안 되난
내가 얼른 가사주
하르방이 올 수 어시난, 내가 가사주

우리 하르방

얼굴 곱닥허니까 누게가 업엉 가불지도 몰라

내가 얼른 가사주

근데 난 쭈그리 할망 되어부난

하르방 날 알아봄이나 헐 건가

고만시라, 얼레빗 어디 시니?

오리

하얗고 비리비리한 어린 아들이 안쓰러운 어머니는 서문 다리 아래서 물놀이하는 생오리 한 마리 사다 다리 묶어 처마에 매달았다

얼마쯤 지났을까, 대가리 쪽으로 피가 쏠려 파닥이는 그걸 도마 위에 올려놓고 신돌에 갈아 날이 선 부엌칼로 탁, 목을 치자 꽥, 떨어져 나가면서 한 줄기 붉은 것이 사기그릇에 쫙, 쏟아졌다

굳지 말라고 어머니는 그것에 활명수 섞어 새끼손가락으로 휘휘 저었고 아들은 코 막고 눈 감아 꼴깍꼴깍 단숨에 받아 마셨고 어머니는 기다렸다는 듯이 여리고 붉은 입술에 동고리사탕 하나 쏙, 밀어 넣었다

불면

조천 김 아무개 시인 귤밭 컨테이너집에서 내일 오후께 일부 몰지각한 것들끼리 모여 '집들이 빙자한 닭추렴' 이라는 눈물겨운 문자를 받고

누워도 잠이 오지 않아, 따뜻한 우유에 소금 넣어 마셔도 멀뚱멀뚱 잠이 오지 않아, 새벽녘에야 병원에서 받은 알약 반으로 분질러 먹고 누웠는데 엎치락뒤치락 여전히 잠이 오지 않아

이 저녁, 잘 익은 지슬과 소반에 둘러앉은 벗들과 더운 김 모락모락 노계가 떠올라, 가는 길에 한라산을 살까 참이슬을 살까 손가락 구부렸다 펴고 다시 구부렸다 펴는데
먼 데서 장닭이 운다

시청 앞 침술원

허리 녹슬어 여기저기 다니다 엉금엉금 찾아간 시청 앞 침술원
간단한 문진 끝에 툭, 던지는 말
"장침을 맞아야 허쿠다"
"예? 얼마나 큰……"
양손 검지 가슴너비만큼 벌리며 턱짓으로 침상 가리킨다

그냥 갈까? 에라 모르겠다 침상에 누워
살점이라곤 찾아보기 힘든 엉덩이 까는데
구순 넘긴 그 노인네 침통 들고 벽 짚으며 어기적어기적 오신다
힐끗 보니 장침 든 손이 수전 걸린 환자 같다

쑤욱 쑤욱 쑤욱
장침 두 개 내 안에 들어오고 그 노인네
침통 들고 벽 짚고 돌아가 앉는데 정지된 화면처럼 고요하
다
흠, 흠, 인기척을 내보지만 소용없다

탁상시계 울리고, 그 노인네 어기적어기적 침 빼고는
눈도 안 마주치고 한 마디 하신다
"아프걸랑 다시 옵서"

침 덕분인지 녹슨 허리 거짓말처럼 나았고
이태 후에 어깨 녹슬어 다시 찾은 시청 앞 침술원
아무리 둘러봐도 온데간데없고, 그 옆 편의점에 물으니
자기는 알바라서 모르겠다 한다

이순

걸음이 불편한 어머니 손을 잡고
때로는 아버지 휠체어를 밀고
진료 대기실에서 우연히 마주치는 우리는
멋쩍은 눈인사로 스쳐 지나지만

헐렁한 환자복 차림에
삼색슬리퍼 신고 링거대 질질 끌면서
병원 구석 흡연실에서 어쩌다 만나
어디가 안 좋은데? 묻는 말에
그냥, 하고 어정쩡 고개 돌리는 우리는
늦가을 여섯 시처럼 스산하다

불현듯 날아든 동창생의 부고
담배 한 모금 한숨처럼 길게 내뱉고
양 미간 좁히면서 느릿느릿 띄엄띄엄
조의금 대신 전달해달라는 문자를 남긴다

상식上食

아버지 어머니는 이른 새벽 밭일 가실 때마다 자고 있는 어린 오누이를 깨워 '잊지 말고 할아버지 상에 상식 올리라' 다짐을 받으셨다

막내 업저지 어린 누님과 아직 털 여문 나는 올레 밖에서 정신없이 놀다가 한라산 꼭대기에 해가 걸리면 정지로 내달려 보리밥에 갱국 차려 안방 벽장 할아버지 상에 상식을 올렸다

할아버지가 식사를 마치면 담배를 올렸다 살아생전 할아버지 곰방대는 워낙 길어서 누님이 물부리에 입을 대면 나는 통잔에 풍년초 넣어 성냥불을 붙였는데 누님이 캑캑거려 빨지 못하면 어린 내가 물부리를 빨고 내가 캑캑거리면

다시 누님이 빨고, 누님이 캑캑거리면 다시 내가 빨고……

아버지는 상식 올리는 삼 년 동안 담배를 멀리 하셨다

고안촌에서

중국 흑룡강성 동령시 고안촌에 사는 조선족 무자생 박 씨 어르신은 백네 명이 집체적으로 조합 만들어 강 건너 러시아 가서 토마토 농사 양배추 농사로 일 년 만에 채색테레비 한 대 사고 다시 건너가 철근 사업하다 러시아놈한테 사기 당해 십팔만 위안 빚 떠안고, 죽기 살기로 아내 데리고 한국으로 건너가 하스리 노가다 오 년 만에 그 빚 청산하고

아들 둘은 지금도 한국에서 돈벌이하고, 그 어르신은 고안촌에 돌아와 아내와 함께 텅 빈 마을에서 남은 벗들과 주전부리 마작으로 시간을 보내거나 오지 않는 잠을 청하면서 만주벌판 붉은 들녘을 뉘엿뉘엿 건너고 있다

대련행 야간열차

계서에서 출발한 열차가 목단강에 잠시 멈추고
하얼빈 거쳐 대련까지는 열네 시간
4인용 침대칸에 여장을 푼다

두 손 가득 삶의 무게를 들고 끌면서
총총한 걸음으로 열차에 오른 사람들은
중국식 신라면으로 추위를 눅이고
삶의 더께를 훌훌 벗은 속옷차림으로
구부정한 새우잠을 청한다

깊은 밤
칭얼대는 아이 울음소리
목단강 떠난 열차가 덜컹거릴 때마다

눈발은 쏟아지고
얼어붙은 달빛도 쏟아지고

무정부주의자 이회영이 잠시 머물렀다는 대련까지
열차는 멈추지 않을 것이고
눈발 또한 여전할 것이다

다시 쓰는 최후진술

나, 도마 안중근은 대한의군 참모중장 자격으로
적장 이토 히로부미를 척살하였으므로
나를 일반범이 아닌 국사범으로 다루라

내가 적장을 척살한 곳, 하얼빈은
러시아 조계지이므로 적국 일본은
나를 재판할 아무런 권한이 없다
당장 손을 떼라

뤼순감옥에서 『동양평화론』을 집필하던 안중근은
적장 척살 5개월 만에 형장의 이슬이 되고 말았으니
그의 나이 서른하나

중국 총리를 지낸 저우언라이는 후대에 이렇게 말한다
-청일전쟁 후 한중 양국 국민의 일본제국주의에 대한 반대
투쟁은 금세기 초 안중근 의사가 하얼빈 역에서 이토 히로
부미를 저격하면서 시작되었다

풍랑경보가 내려진 아침

1

선체수색이 마무리되고 있는 지금, 저희들은 비통하고 힘들지만 이제 가족을 가슴에 묻기로 했습니다
너무나 아픈 시간이었기에 앞으로 어떻게 살아가야할지 두렵기만 합니다
이런 아픔은 우리들로 끝났으면 합니다
미수습자 5명의 이름을 잊지 말아 주십시오

기타 잘 치고 음악 좋아했던 남현철 군
운동 잘해 체대 진학이 꿈이었던 박영인 군
구명조끼 벗어 학생에게 주고 다시 배 안으로 가신 양승진 선생님
감귤농사 꿈을 안고 제주로 가던 권재근 씨, 일곱 살 아들 혁규 군

2

세월호가 침몰한 지 1311일의 기다림 끝에 유가족들은 목포신항을 떠났다

풍랑경보가 내려진 아침이었다

사북의 여인들

1

어용이라 지탄 받던 동원탄좌 노조 지부장의 아내는
광부와 주민들이 몰려온다는 소문을 듣고 남의 집
침대 밑에 숨었다 들키는 바람에 정신없이 매 맞으며
광업소 정문으로 끌려가 가혹한 린치를 당했다

"광업소 정문 근처 전봇대 기둥에 묶일 때,
주위에는 1천 명이 모여 있던 것 같습니다.
기둥에 묶이고 난 후 구타가 더욱 심해졌습니다.
상의 하의 모두 벗기고 온갖 난행을 저질렀습니다."

2

시위 가담자들에게 실력행사를 하지 않는 것은 물론

사건을 최대한 원만히 해결하겠다는,
수습대책위와 경찰의 합의문은 허명의 문서에 불과했다
복귀한 지 열흘 만에 대대적인 검거열풍이 일었고
광부의 아내들도 비켜갈 수 없었다

“1.5m 정도 네모난 각목으로 전신을 맞았습니다.
엎드려 놓고 때리고 세워 놓고 때렸습니다.
여자들 윗옷 벗겨 젖가슴 쥐어뜯었습니다.”

“조사 받으면서 바른 말 하지 않는다고,
젖가슴 우악스럽게 잡아 비틀고 쥐어뜯고…
손 집어넣어 음모 모두 뽑아버리고…
그 당시, 제 나이, 마흔 하나였습니다.”

오월, 아침 한때 비

도청 구내식당을 취사실로 썼어요

밥 때마다 수백 명 밥을 짓다보니
늘 떡밥이 되어 짜증이 났어요
인근에서 식당 하는 아저씨가
소금 좀 넣어라 해서 넣었는데
밥이 고슬고슬해지대요
덜 미안했어요

식기가 부족해 주먹밥을 만들었는데
간도 딱 맞는 거예요
양동시장 서방시장 이모들이
광주리 가득 김치며 김밥을 챙겨 오셨어요

유동 삼거리 형제빵집 오빠들이
갓 구워낸 빵을 한 아름씩 챙겨 주셨어요
아저씨들은 단팥빵을 좋아했고
우리는 소보르빵 껍질을 좋아했어요

이슬비가 내렸어요
이십칠 일 새벽 두 시쯤이었을 거예요
아저씨들이 여긴 위험하니 나가야 한다고 해서
우린 밤참으로 빵과 우유를 나눠드리고
아침 식사 준비를 대강 마친 다음
뒷길로 도청을 빠져 나왔어요

근데, 그분들, 조반은, 자셨나요?

아름다운 일생

그는 지금 오등동 산11-1번지에 잠들어 있다
건입동에 묻혔는데 누군가 내려친 둔기에
비석이 두 동강 났다

대를 이을 손 없었고
생을 마감하기 전, 그는
대한극장 검표원이었다

그 전에 그는 생계를 위해
무근성에서 손바닥만한 쌀배급소 운영한다

그 전에 그는 성산포 경찰서장이었다
한국전쟁 직후 예비검속 당시

관할구역 221명에 대한 총살명령을

'부당(不當)하므로 불이행(不履行)'으로 맞서 목숨 살린다

그 전에 해방을 맞아 제주에 온 그는

모슬포 경찰서 초대서장이었다

4·3 무렵 관할구역 좌익총책으로부터 100명의 명단을 확보

적극적으로 자수를 권유, 목숨을 살린다

그 전에 그는 독립군이었다

3·1운동 직후 만주로 망명해 독립운동단체인 국민부에 가입

중앙호위대장을 맡아 무장투쟁의 선봉에 선다

1897년에 나서 1966년에 생을 마감한 그 이름은

문형순이다

데칼코마니

1

1968년 정월 24일 베트남 하미 마을
대한민국 청룡부대
가가호호 구석구석 찾아 들어
마을 주민 30가구 135명 몰살

모래 뒤섞인 시신에는 마른 피 고여 있었고
어린 아기는
차갑게 식은 어미 가슴에 기어올라
영문도 모른 채 젖을 찾았다

화염에 익은 살점 위로 개미떼가 몰려들었다

2

1949년 정월 17일 제주도 조천면 북촌리

국방경비대 2연대 3대대

국민학교 인근 당팟 옴팡밧

마을 주민 400여 명 학살

밭담 언저리엔 시신들 뒤엉켜 있었고

어린 아기는

죽은 어미 마른 젖무덤에 올라

코 박고 꼼지락꼼지락 허둥거렸다

돌담에 널린 시신 위로 까마귀떼 내려앉았다

달보다 먼 곳

-김시종

오사카 영사관으로부터 귀국 권유 받은 적 있었습니다 광주항쟁 시집 준비하는 걸 알고, 방일 준비하던 전두환 쪽에서 체면이 안 섰는지, 서울에서 출판하라 압박했습니다 '제주4·3'에서 살아남은 자로서 그렇게 할 수 없었습니다

김영삼 때, 서울문학인대회 초청 받았는데, 영사관에서 '다음 방한에는 한국국적으로 바꾼다'는 서약서 강요했습니다 조선적(朝鮮籍)이던 나는 거절했습니다 주최측 노력으로 어찌어찌 참가는 했지만, 행선지는 서울로 한정되었습니다

4·3 진상규명에 나선 김대중 대통령 때에야 조선국적 임시 여권으로, 1949년 도일(渡日)하고 처음으로, 처음으로 제주에 올 수 있었습니다 항쟁 당시 희생된 동지들 뵐 낯이 없

어 마음 무거웠는데, "어서 오세요" 조카딸이 울먹이며 나를 안아준 게 구원이었습니다

무성한 가시덩굴 안쪽 무덤 두 개 나란히 웅크리고 있었습니다 돌아가신 지 40년 된 양친입니다 처음 뵈었습니다 무릎 꿇고 송아지처럼 울었습니다 남은 인생, 해마다 성묘하고 싶어 2003년 한국국적 취득했습니다 그해 취임한 노무현 대통령, 제주4·3을 '국가권력의 잘못'이라 인정하고 공식 사죄했습니다

일본으로 건너간 지 반세기, 제주는 참 멀었습니다
달보다 먼 곳이었습니다

계속 밀고 가라

도킨스 선생님께

금요일에 결석을 해야 하기 때문에 편지를 씁니다

친구들과 런던에서 열리는 기후변화 행진에 참여해야 하거든요

왜냐하면 기후변화가 매우 심각하다고 생각하기 때문입니다

유럽을 시작으로 전 세계 청소년들의 등교 거부 파업은 스웨덴 국회의사당 앞에서 어른들의 기후변화에 대한 관심을 촉구하는, 말괄량이 삐삐를 닮은 그레타 툰베리의 1인 시위에서 비롯되었다

영국 총리는, 이는 시간 낭비고 학생은 '공부가 우선'이라

한 반면 프란체스코 교황은 삐삐와의 면담에서 '계속 밀고
가라'며 기도해 주었다

삐삐는 노벨평화상 최연소 후보에 올랐고
지금도 금요일이면 세계의 청소년들이 학교 대신 거리로
나서고 있다

휘파람

1

코로나19로 학교 가지 못해 친구가 보고 싶다던 아홉 살 소년이 황망하게 짧은 생을 마감하면서 일곱 사람에게 새 생명을 나누어 주고 하늘나라로 갔다 과자든 게임이든 친구들과 나누는 것을 좋아하고 휘파람 부는 것을 유독 좋아하던 소년에게 엄마는 마지막 인사를 남긴다

2

내 아들로 태어나서 고마워
엄마는 앞으로도 너를 사랑할 거고
평생 기억하고 있을게

멀리서 휘파람 소리 들리면
네가 오는 거라 믿으며 살아갈게
사랑하고 고마워

호모 마스크스

집안만이 물 밖이다
집 밖으로 나선다는 건 물속으로 들어간다는 것
마스크 없으면 물속으로 갈 수가 없다
가서는 안 된다 마주 오는 마스크와 마주치면
내외를 하거나 따가운 눈총을 견뎌야 한다
대중교통을 이용할 수도 차 한 잔 마실 수도 없다
남녀는 물론이고 노소도 예외가 없다
마스크가 마스크에게 말을 걸고
마스크와 마스크가 마스크 때문에 언성을 높인다
여분의 마스크가 구원이고 신의 은총이다
집 밖은 언제나 깊은 물속이다

마스크가 바람에 펄럭인다
잎 떨어진 가지에 마스크가 나부낀다
빨간 마스크 파란 마스크 노란 마스크 검은 마스크
공항의 감시견을 제외하고는 모든 것이 마스크다
승객은 물론이고 비행기도 마스크를 쓴다
공항의 돌하르방도 예외일 수는 없다
마스크가 바람을 이끌고 낙엽처럼 나뒹군다
공원의 비둘기는 마스크에 발 묶여 허우적거리고
늙은 어부의 그물에는 해파리 대신 마스크가 올라온다

한 해에 6백 억 마리의 닭뼈가 지층을 이루는 지금이다
집안에 들어서야 마스크 벗고 숨비질하는 오늘이다

낭 싱그는 사람을 생각한다

나무에게 물어보지도 않고
숲을 무너뜨리는 사람들이 있다

새들에게 물어보지도 않고
그들의 보금자리를
여지없이 쓰러뜨리는 사람들이 있다

숲은
피 흘리지도 않고
통곡소리도 내지 않아서
그저 무감하게 숲을 무너뜨리는 사람들이 있다

인간이라는 직립보행은
새들의 노랫소리와 울음소리를
곱가를 만큼 진화하질 못해서
멍텅하리만치 멍청해서
아무런 아픔도 어떠한 느낌도 없이
나무의 밑동에 톱날을 들이댄다
톱날의 살벌한 기계음에 쾌감을 느끼고
파편처럼 흩어지는 나무의 살점을 만끽하다가
그 속도감에 절정을 이룬다

나무가 잘린 그날 이후 밤이면 밤마다
초록의 정령들이 수도 없이 하늘로 날아오르는 걸
보았다고 붉은해오라기가 맹꽁이에게 하는 말을 엿듣고
잘린 나무 곁에 낭 싱그는 사람들이 있다

하늘 가장자리를 서성이던 초록의 정령들은, 어스름 새벽
돌아갈 집이 없어 그루터기 주변을 헤매는 걸 보았다는
애기풀소똥구리와 팔색조의 속삭임을 귀담아 듣고
잘린 나무 곁에 낭 싱그는 사람들이 있다

톱날에 잘려나간 나무의 나이테에
새로이 나무의 영혼을 심으려는 사람들이 있다
쓰러진 나무에 생명을 불어넣어 장승을 만들고
나무의 기억을 되찾으려 잘린 나무의 그림자를 만들고

불편한 팔과 다리를 이끌고 잘린 나무 곁에 앉아
죽은 나무의 나이테를 온몸으로 새기는 사람들이 있다
나무와 나무를 사랑하는 사람의 어우러짐을 꿈꾸는
바보 같은 사람들이 있다

태초의 인간에게 나무는 신神이었다
산육과 치병을 빌었고 풍농과 풍어를 빌었다
지상의 신들이 하늘옥황으로 오르고
하늘옥황의 신들이 지상으로 내릴 때
나무는 길목이었다
땅과 사람과 하늘을 잇는 동아줄이었다.

하여, 나무 한 그루 심는 일은
하늘로 오르는 신의 길목을 내는 일이며
우리의 내일을 하루만큼씩 이어가는 것이고
한 그루의 나무를 베는 일은
하늘에서 내리는 신의 길목을 끊는 일이며
우리의 내일을 하루만큼씩 줄여간다는 것이다

인간 없이 나무는 수천만 년을 살아왔지만
나무 없이 인간은 단 하루도 살 수 없는데
둘러보면 지구상에는 두 부류의 인간종이 산다
하나는 열심히 낭을 싱그는 인간종이고
다른 하나는 끊임없이 낭을 그치는 인간종이다

그럼 나는 누구인가?
어디서 무얼 하고 있나?

시인노트

여기저기 발품을 팔면서 끄적인 것들을 그러모았다.
그나마 막힘없이 쏘다니던 시간의 기록이다.
그런 날이 다시 오기나 할까?

마스크로 시작해서 마스크로 한 해가 저문다.
마스크를 두고 나오다 돌아간 적이 어디 한두 번이던가?

돌아보면 다 내 탓이다.
생각 없이 살아온 지난날이 오늘의 나를 예의 주시하고 있는 것이다.

할 말이 없다.
가만히 조용히 앉아서 세상 읽는 법을 배워야겠다.

시인
에세이

어느 걷는 자의 하루

베란다에 놓인 빈 화분 위로 새가 내려와 앉는다.
두리번거리며 이리저리 살피다 후드득 날아간다.
그때 왔던 그 새인가 생각하는데 고양이 한 마리 게으르게 나타난다.
방충망에 몸을 비비고, 한두 번 냐옹, 울었나
아무런 반응이 없자 다시 느릿느릿 사라진다.

집을 나선다.
보온병에 물을 담고 모자를 눌러쓰고 스틱을 챙기고…
다시 돌아온다. 마스크를 챙기고 다시 길을 나선다.
버스정류장까지는 천육백 보.
제주대학 가는 버스를 우두커니 보내고 서귀포로 넘어가는 차에 오른다.
기사님도 버스에 탄 사람들도 모두 마스크다.
새로운 마스크 하나가 엉거주춤 빈자리를 찾아 앉는다.
버스가 출발한다.

차맛이 일품이라는 남국사를 지난다.

구부정한 어르신들이 오르내리는 대학병원을 지나고

마지막 편의점이라는 산천단을 지난다.

요양병원을 지나고 아버지가 계신 양지공원을 지나고

한라생태숲에 내린다.

숫모르숲길을 따라 걷는다. 새소리도 따라 걷는다.

숲길의 묘미는 한적함에 있다.

한적함도 잠시,

꾸엉! 꾸엉! 꾸엉!

인기척에 놀란 장끼가 푸드득 날아오르고

장끼의 울음에 놀란 노루가 후다닥 엉덩이를 감춘다.

절물휴양림으로 들어선다.

샛개오리오름으로 방향을 잡을까 하다가 에둘러 가는 길을 택한다.

잘 정돈된 계단 보다는 자연 그대로의 흙길이 좋다.

흙길에 선 작살나무의 보랏빛 열매가 나를 반긴다.

숨이 차오를 무렵, 마침내 편백나무숲이다.
여기서는 잠시 쉬어주어야 한다.
그래야 여기에 놓인 평상들에게 덜 미안해진다.
따스한 물 한 모금이 몸 안 가득 퍼진다.
저쪽 평상에 먼저 온 사람들이 쉬고 있다.
물을 마시고 다시 마스크를 한다.

지난여름 아픈 몸을 추스르기 위해
하루도 빠짐없이 이 숲을 찾았던 그 사람들은 지금 어디에 있을까?

다시 걸음을 재촉한다.
편백숲을 지나 이제 울울창창 삼나무숲이다.
마늘된장을 파는 조그만 암자에서 독경소리가 들린다.

숲길의 끝에 거의 다 왔다는 거다.
이제 절물오름 위로 눈이 내리고
바람이 불고 까마귀가 울고 가면
머지않아 숫눈 사이로 복수초가 지천으로 피어날 것이다.

절물에서 시원한 생수 한 모금으로 입가심하고
절물휴양림을 나와 타박타박 버스정류장으로 간다.
버스가 금방 출발했는지 아무도 없다.
시간표를 보니 다음 버스가 오려면 30분은 기다려야 한다.
휴대폰을 꺼내 만보기를 열어보니, 구천 걸음.
만 보를 채우려면 좀 더 걸어야 한다.
이 주변을 좀 걸을까 하다가 생각을 바꾼다.

버스를 타고 한 정거장 앞에서 내려 해장국에 막걸리 한 잔
하고 가끔씩 새와 고양이가 찾아오는 집으로 가야겠다.
허청허청

해설

숨비소리와 허정에 도달한 이순(耳順)

홍기돈(문학평론가, 가톨릭대 교수)

1. 이승과 저승 경계의 숨비소리

인간은 이미 지나가버린 것과 아직 오지 않은 것 사이에 존재한다. 오직 인간만이 그러하다. 김수열의 이번 시집에서 부각되는 것은 인간 존재의 그러한 속성이다. 「개역」이란 시를 살펴보자. 두 가지 사실을 확인할 수 있다. 첫째, 제주 방언이 툭툭 출몰하고 있다. 제목 개역부터 그러하며, 방앳공장이라든가 삼방 · 차롱 · 바당과 같은 시어도 마찬가지다. 이들은 각각 미숫가루, 정미소, 마루, 광주리, 바다의 제주 방언이다. 시인은 어째서 제주 방언을 고집하는 것일까. 독자와의 소통을 위하여 서술어는 표준어에 따르고 있으면서 말이다. 전래하는 제주인의 삶과 문화를 이해한다면 그 까닭을 파악할 수 있으리라.

방앳공장이 정미소가 아닌 까닭은 기계 돌린 값으로 보리 한 되를 치르고 있기 때문이다. 화폐가 개입하지 못한 양상인데, 공동체 내에서의 보상은 본디 노동력이나 생산물의 교환으로 이루어져 왔다. 이윤보다도 더불어 삶이 우선하는 가치였던 것이다. 공동체의 면모는 개역 먹는 장면에서도 드러난다. "개역 너댓 술 넣은 양푼 보리밥"이 "상 가운데" 놓였고, 가족은 "삼방에 둘러앉아 달그락달그락" 끼니를 잇고 있다. 양푼에 담긴 개역밥을 각자 떠서 나누어 먹는 모습이니, 보리쌀조차 모자란 궁핍 속에서 서로에 대한 배려가 요구될 수밖에 없다. 이러한 배려를 감각적으로 환기시키는 것이 삼방이다. 삼방은 방과 방 사이의 공간이며, 마당 방향으로는 벽이 없는바, 삼방의 개방성이 배려 · 유대감과 겹쳐지는 것이다.

자, 해녀가 물질 간다. 주지하다시피 해녀는 제주 특유의 문화다.* 해녀의 물질은 저승에서 벌어서 이승에서 쓴다고

---

* 해녀(海女)에 해당하는 제주 본래의 표현은 '줌녀'이며, 거제도 등 타 지역에 존재하는 해녀는 근대 초기 출가물질을 간 제주해녀가 그 지역에 정착하면서 생겨난 것이다. 숨비소리란 물질 도중 깊은 바당에서 올라온 줌녀가 거세게 내쉬는 휘파람 소리를 가리킨다.

이를 만큼 고되기 그지없다. 이로써 「개역」의 두 번째 특징이 성립한다. 바당 아래는 저승의 영역이고, "물숨이 찰 때까지 저승바닥을 훑고 숨의 끝자락에" 해수면까지 도달해야만 비로소 이승으로의 귀환이 확인된다. 해녀의 숨비소리가 그 상징이다. "나 살았수다, 호오이-/ 나 이디 이수다, 호오이-" 이처럼 해수면을 경계로 이승과 저승이 나뉜다. 해녀를 저승바닥까지 가라앉히는 것은 삶의 무게이고("이승에 남은 것들을 살리기 위해"), 해녀는 "밥심"(≒"밥차롱")이 아닌 개역물 먹은 힘을 쥐어짜며("귀눈이 왁왁허고 한라산이 어질어질하여도") 다시 이승으로 되돌아온다. 그러니까 방앳공장・삼방으로 표상되는 공동체문화의 가치를 담지하는 개역은 저승으로부터 이승을 붙들어 매는 한 가닥 동아줄이라 할 수 있겠다.

문화란 인간이 자연에 적응하면서, 때로는 자연을 변화시키면서 이뤄낸 물질적・정신적 산물이다. 이미 지나가 버린 것의 결정이라는 것이다. 반면 바다 아래는 아직 오지 않은 것들로 가득 차 있다. 어느 바닥, 어느 구멍에 무엇이 숨어 있을지 모르는 세계는 미결정의 세계가 아닌가. 결정되지 않은 것들은 죽음의 방향으로 기울어 있다. 죽음이야

말로 아직 결정되지 않은 것들을 하나로 묶어내는 종국(終局)의 확정된 사건일 터이기 때문이다. 그러므로 해녀가 태왁 부여잡고 숨비소리를 호오이- 몰아쉬는 해수면은 이미 지나가버린 것과 아직 오지 않은 것 사이, 그러니까 역동적으로 펼쳐지는 현재라는 시점의 표상으로 이해하게 된다. 인간은 「개역」의 해녀마냥 가쁜 숨 몰아쉬며 역동적인 현재를 살아나간다.

『호모 마스크스』는 「개역」에서 확인할 수 있는 두 개의 세계로 나눌 수 있다. 이미 지나가버린 것들의 세계와 아직 오지 않은 것들의 세계. 『호모 마스크스』는 이미 지나가버린 것과 아직 오지 않은 것 사이에 펼쳐진 길항하는 현재의 의미를 적극적으로 되새기고 있는 시집이다.

2. 이미 지나가버린 것들의 세계와 아직 오지 않은 것의 세계

2-1. 이미 지나가버린 것들의 세계

지나가버린 것들을 다룬 시편으로는 우선 제주를 배경으로 삼은 경우가 눈에 띈다. 「개역」, 「발효된 사랑」, 「오리」, 「상식上食」이 이에 해당한다. 이들 시편에서 주목할 사항은 능란한 부사어의 활용이다. 예컨대 「발효된 사랑」

에서 하르방은 아내를 남겨두고 "오꼿" 먼저 가 버렸다. 「오리」에서는 "날이 선 부엌칼로 탁, 목을 치자 팩, 떨어져 나가면서 한 줄기 붉은 것이 사기그릇에 쫙" 쏟아졌고, 어머니가 그것을 "새끼손가락으로 휘휘" 저어 건네자 아들은 "코 막고 눈 감아 꼴깍꼴깍" 받아 마시는가 하면, 어머니는 아들의 "붉은 입술에 동고리사탕 하나 쏙, 밀어" 넣는다. 「개역」의 등장인물은 "머릿수건 풀어 탁탁 먼지 털고", 개역밥을 "달그락달그락" 먹고 있다. 또한 물질의 고단함도 '부사+하다'의 형태인 "귀눈이 왁왁허고 한라산이 어질어질하여도"의 양상으로 표현되고 있다.

김수열의 능란한 부사어 활용은 제주인의 언어 관습과 잇닿아 있다. 제주에서는 바람이 강한 지역 특성상 서술어의 어미가 생략되거나 ㄴ 혹은 ㅇ으로 축약되기 일쑤이며, 서술어 자체를 생략한 채 부사어로 대체하는 양상도 빈번하다. 그러니까 지금 시인은 서술어의 축약이나 생략 수준으로까지 나아가지는 않았으되, 부사어를 적극 활용하는 방편으로 구어에 입각해 있는 제주 민중의 언어 전통을 끌어안고 있는 셈이다. 그가 나고 자란 문화의 토양이 어떻게 시작(詩作)의 감각으로 이어지는가를 이 대목에서 확인할 수 있다.

한 인물의 삶을 통해 근대사 톺아보는 시편들도 있다. 「아름다운 일생」이 문형순의 일생을 역순으로 구성함으로써 정의로운 정신의 기원으로 거슬러 오른다면, 김시종의 삶을 순차적으로 구성한 「달보다 먼 곳」은 이념의 대결 속에서 짓눌린 자연인의 비극을 부각시킨 시편이다. 문형순과 김시종은 4·3과 관련된 인물이기에 이 두 편은 제주 시편의 다른 면모로 이해할 수도 있겠다. 이와 달리 「다시 쓰는 최후진술」과 「대련행 야간열차」는 만주를 배경으로 삼고 있다. 전자는 안중근의 당당함을 부각시킨 뒤 중국 총리의 평가를 부기해 놓았다. "청일전쟁 후 한중 양국 국민의 일본제국주의에 대한 반대 투쟁은 금세기 초 안중근 의사가 하얼빈 역에서 이토 히로부미를 저격하면서 시작되었다" 이로써 안중근은 역사가 교차하는 순간을 열어젖힌 영웅으로 효과를 획득하게 된다. 반면 「대련행 야간열차」는 독립투사 이회영을 제시하되, 민중으로서의 이미지를 잔잔하게 끌어내고 있다. 삶의 방편을 찾아 만주로 건너갔던 일제 강점기 이민들의 처량한 몰골인 듯 제시되었다가, 시인의 여로임이 겹쳐지며, 여로가 이회영에게로 향하는 것

임이 드러나는 방식을 취하였기 때문이다. 인물의 면모를 포착하여 각각에 들어맞는 방식으로 형상화해 내고 있는 점이 흥미롭다.

「오월, 아침 한때 비」, 「사북의 여인들」, 「데칼코마니」는 역사의 한 장면을 제시하고 있는 시편들이다. 광주꼬뮨의 기억을 되살리는 「오월, 아침 한때 비」의 경우, 삶의 영역에 먹는 행위("조반")를 배치하고, 반대편에 죽음의 영역을 열어놓은 방식이 「개역」과 일치한다. 탱크를 앞세운 계엄군이 도청으로 진격하여 시민군을 살해한 이십칠 일의 사건을 마치 모르는 양 풀어두고 일상의 지속성을 부각시키는 물음이 날카롭게 파고든다. 「사북의 여인들」과 「데칼코마니」는 동일한 작법으로 창작되었다. 사북사태 와중에서 벌어진 폭력은 이쪽 편과 저쪽 편을 나눌 필요 없이 동일하다. 4·3 당시 군에 의해 벌어진 양민 학살은 베트남전에서 청룡부대가 자행한 양민 학살과 다를 바 없다. 이 두 편의 시는 피로써 피를 씻으려는, 피로써 모든 사태를 평정하려는 시도의 야만성을 환기시키고 있다.

이번 시집에는 「이순」이라는 시가 들어가 있다. 이순을 즈음하여 여기저기 몸은 아프고, 동창생의 부고가 불현듯 날아들기도 한다. 시인의 표현처럼 "늦가을 여섯 시처럼" 스산한 정황이다. 아마도 김수열은 이러한 스산함에 맞닥뜨려 자신의 존재 근거를 확인하고 싶었으리라 싶다. 그러한 확인이 이미 지나가버린 것들에 대한 회고 및 정리로 이어졌으리라는 것이다.

2-2. 아직 오지 않은 것들의 세계

코로나를 겪으면서 뉴노멀에 대한 관심과 요구가 거세지고 있다. 시인은 뉴노멀의 근거를 자연과의 공존 가능성에서 마련하고 있는 듯하다. 「호모 마스크스」라든가 「낭 싱그는 사람을 생각한다」, 「계속 밀고 가라」 등에서 이를 확인할 수 있다. 물 밖과 물 속의 대칭을 도입하고 있다는 점에서 「호모 마스크스」는 「개역」과 착상이 동일하다. 바다 속에서 저 홀로 생사를 감당해야 하는 해녀처럼 집 바깥의 호모 마스크스는 스스로 생존을 도모해야 하며, 타인에 대하여 적대적이기까지 하다. 뿐만 아니라 인간은 자신의 생존 문제에만 집중할 뿐 이를 다른 존재에게로까지 확장시키지는 못할 정도로 이기적이다. "공원의 비둘기는 마스크에 발 묶여 허우적거리고/ 늙은 어부의 그물에는 해파리 대신 마스크가 올라온다" 「낭 싱그는 사람을 생각한다」는 비자림로 확장 공사로 베어지는 나무들을 보며 창작된 시편이이다. 「개역」이 이승과 저승을 붙들어 매는 한 가닥 동아줄이었듯이, 나무는 "땅과 사람과 하늘을 잇는 동아줄"로 제시되어 있다. 시인이 인간을 "열심히 낭을 싱그는 인간종"과 "끊임없이 낭을 그치는 인간종" 두 부류로 나눌 때, 후자의 나무를 자르는 인간종은 근대인의 면모와 일치하게 된다. "그럼 나는 누구인가?/ 어디서 무얼 하고 있나?" 탈근대로의 도약은 이러한 자문과 반성 가운데서 가능해질 터이다. 「계속 밀고 가라」는 프란체스코 교황이 그레타 툰베리를 응원하며 전한 메시지다. 이를 시의 제목으로 앉혔으니 교황의 메시지는 곧장 시인의 목소리로 전이하게 된다.

「조화弔花」, 「민들레」, 「나무와 의자」는 삶과 죽음의 관계에 대한 사유를 담고 있다. 인간의 죽음을 애도하기 위하여 벌어진 "꽃의 죽음을" 환기시키는 작품이 「조화弔花」인바, "하얀 꽃의 목줄기를 쥐고"라는 표현으로 꽃을 의인화함으로써 효과를 강조해 내는 면모가 눈에 띈다. 「민들레」는 홀씨와 민들레를 각각 너와 나로 칭하면서 죽음으로써 펼쳐지는 삶의 면모를 드러내는 작품이다. "초가 위에 내려 앉아/ 작은 별이 될 수 있다면/ 노랗게 반짝일 수 있다면"이라고 하여 삶을 상승의 이미지로 내세우고, 죽음을 하강 이미지로 대비시켜 "납작 엎드려/ 밟히고 밟히다가/ (중략)/ 똥으로 살아도 좋겠다/ 흙이 되어도 좋겠다"라고 전개하는 양상이 인상적이다. 「민들레」가 죽음을 자양분으로 삼아서 움터 오르는 삶의 면모를 담아내었다면, 「나무와 의자」는 삶과 죽음의 회통을 담아내고 있다. 애초 시인은 자신이 언젠가 맞닥뜨릴 죽음을 부정적으로 파악하고 있었을 것이다. "죽은 나무가 산 나무를 물끄러미 바라보는 동안/ 산 나무는 죽은 나무를 안쓰럽게 내려다본다"는 1연의 내용이 이를 드러낸다. 그렇지만 욕망을 벗어던진 순백의 시점("하얀 날")에 이르러 그러한 인식은 변화를 맞이한다. "무릎 비운 의자"로 형상화된 죽은 나무는 모든 욕망으로부터 자유로울 수 있다. 예컨대 무릎 꿇는 행위는 굴복을 나타내며, 무릎 치는 행위는 놀람 · 기쁨을 나타내는데, 죽은 나무는 무릎을 비워내지 않았는가. 또한 산 나무는 "발등 부은 나무"로 표현됨으로써 고단함이 부각되어 있다. 삶과 죽음의 회통 양상은 다음과 같은 구절로 마무리

된다. "의자를 꿈꾸는 나무는 제 몸 뒤척여 마른 잎 하나/ 한때 나무였던 의자 무릎에 가만히 내려놓는다"

아직 오지 않은 것들에 대한 시편들 또한 시인의 나이 이순과 관련이 있을 터이다. 자신이 살아온 세월을 바탕으로 미래를 가늠하고, 이제 멀게 느껴지지 않는 죽음에 대하여 사유를 펼쳐 나간 것이 이들 작품이라는 것이다. 시인은 "늦가을 여섯 시처럼" 스산한 심정을 이러한 방식으로 견디어내고 있다.

3. 인간과 자연의 합일

그렇다면 김수열은 이미 지나가버린 것과 아직 오지 않은 것을 어떻게 통일시키고 있을까. 이러한 질문과 관련하여 주목하게 되는 작품이 「시청 앞 침술원」과 「입동」이다. 침을 놓는 "구순 넘긴 그 노인네"는 영 불안하기만 하다. "벽 짚으며 어기적어기적" 움직이는가 하면, "장침 든 손이 수전 걸린 환자"처럼 느껴지기 때문이다. 그런데 그에게 침을 맞고 "녹슨 허리 거짓말처럼" 나았다. 「시청 앞 침술원」이 흥미로운 것은 그 다음이다. "이태 후에 어깨 녹슬어 다시 찾은 시청 앞 침술원/ 아무리 둘러봐도 온데간데

없고, 그 옆 편의점에 물으니/ 자기는 알바라서 모르겠다고 한다" 이러한 마무리는 영락없는 신선 이야기의 결말에 해당한다. 표면적으로는 위태로운 행동거지의 "구순 넘긴 그 노인네"가 보여준 실력에 놀람을 표현하고 있지만, 기실 시인은 그렇게 늙어가고 사라지는 삶의 한 표본을 발견해 내고 있다. 시인 자신이 나아갈 길을 그 위에 겹쳐 놓고 있다는 것이다.

신선에서의 선(仙)은 자연[山] 속으로 천거(遷居)한 인간[人]을 의미한다. 「입동」은 그러한 사실을 문득 떠올리게 한다. 손자를 위하여 "목 긴 가지 끝에/ 탐스런 홍시"를 겨냥하는 할아버지는 "장대 들고 까치발로 서서 허청허청/ 무서리 내려앉은 빈 하늘을 휘젓고 있다" 장대, 까치발 등이 상승하려는 이미지를 구축하는데, 자연은 이에 호응하여 하강하는 양상으로 펼쳐지고 있기 때문이다. 우선 하늘에서 내려앉은 무서리가 하강을 환기시키고, 바람이 이를 이어나간다. 시인은 하강을 부각시키기 위하여 툭툭이란 단어를 한 글자씩 한 행으로 배치하고 있다.

보다 못한 바람 한 줌

번번이 허공에 동그라미만 그리는

할아버지가 안쓰러운지

제 몸 뒤척여

까치밥 몇 개 남기고

툭

툭

떨어뜨려 준다

-「입동」 부분

"빈 하늘", "허공"과 같은 시어는 비어 있어서 만물을 품어내는 자연의 도를 연상시키며, 할아버지의 행위를 하필 "허정허정"으로 집약시켜 허(虛)와 정(靜)을 떠올리게 하는 것은 인간과 자연의 합일이라는 해석으로 나아가게끔 한다. 「나무와 의자」에서 "하얀 날"로 표상된 욕망을 벗어던진 순백의 시점이 여기에 근사하지 않을까. 김수열은 이미 지나가버린 것과 아직 오지 않은 것 사이에서 자연과 더불어 존재해 나갈 삶의 여백을 만들어내고 있다. 그에게 이순 이후의 시간은 그러한 여백 속에서 존재의 깊이를 이루어 가는 과정으로 펼쳐지지 않을까 싶다.

김수열에 대해

김수열 시인의 시는 고향인 제주어를 잘 살리면서도 독자가 낯설지 않게 배려하며 제주 4·3을 비롯한 사회·역사적 현실을 바라보는 시선이 예리하면서도 따뜻하다.

정희성, 시인

모든 게 중앙으로 집중되고 문학마저 서울말을 위주로 삼는 세태에 김수열 시인이 제주말을 과감하게 시에 도입한 점은 높이 평가될 만하다.

복효근, 시인

김수열 시인의 시는 세상에 대한 애정을 놓지 않되 세상을 새로 개편할 근본적인 질문을 끊임없이 던진다. 한국문학사 전반에 기여한 그의 시적 공로를 높이 산다.

신경림, 시인

K-포엣
호모 마스크스

2020년 12월 30일 초판 1쇄 발행

지은이 김수열 | **펴낸이** 김재범
편집 정경미 | **관리** 홍희표 박수연 | **디자인** 다랑어스토리
인쇄·제책 굿에그커뮤니케이션 | **종이** 한솔PNS
펴낸곳 (주)아시아 | **출판등록** 2006년 1월 27일 제406-2006-000004호
주소 경기도 파주시 회동길 445(서울 사무소: 서울특별시 동작구 서달로 161-1 3층)
전화 02.821.5055 | **팩스** 02.821.5057 | **홈페이지** www.bookasia.org
ISBN 979-11-5662-317-5 (set) | 979-11-5662-522-3 (04810)
값은 뒤표지에 있습니다.